Vorwort

Die Sommerzeit ist die Zeit der Meeresfrüchte. Fisch enthält viel gesundes Eiweiß und wenig Fett, deshalb ist er so beliebt.
Unsere Seefahrer-Gerichte sollen Sie in ein gewisses Urlaubs-Feeling bringen und Sie auf die schöne Zeit einstimmen.
Ich wünsche Ihnen ein spannendes Gaumen-Erlebnis.

Inhalt:

Lachsnudeln

Zutaten

1700g Wasser	1 TL Salz
500g Nudeln	500g TK-Spinat
250g Wild-Lachsfilet	1 Stange Lauch
1 Zwiebel	10g Öl
250g Sahne	200g Milch
200g Schmand	2 TL Gemüsebrühe
1/2 TL Salz	1/4 TL Pfeffer
1/2 TL Rosmarin	1/2 TL Oregano
2 Kugeln Mozzarella	

Zubereitung

Wasser und Salz in den Mixtopf geben und 10Min./Varoma/St.1 zum kochen bringen. Nudeln hinzugeben und ca. 9Min./100°/Linkslauf/St.1 garen.

In der Zwischenzeit eine Auflaufform einfetten. Den Lauch putzen und in dünne Ringe schneiden, die Zwiebel schälen. Den Lachs und den Spinat auftauen lassen, den Lachs dann in fingerbreite

Würfel schneiden.

Die Nudeln abgießen und abtropfen lassen.

Zwiebel im Mixtopf auf Stufe 5 zerkleinern, Öl dazu und 2Min./Varoma/St.1 andünsten.

Sahne, Milch, Schmand, Lauch, Gemüsebrühe, Salz, Pfeffer, Rosmarin und Oregano dazu und 6Min./90°/Linkslauf/St.1 garen.

Nudeln, Spinat, Lachs-Würfel, und Soße abwechselnd in eine Auflaufform schichten, zuoberst eine Schicht Nudeln.

Mozzarella in Scheiben schneiden und auf dem Auflauf verteilen. Im vorgeheizten Backofen bei 200° 45 Minuten überbacken.

Nudeln mit Gorgonzola-Lachs-Sauce

Zutaten

150 g Gorgonzola	200 g Räucherlachs
400 ml Milch	100 ml Sahne
1 EL Brühe	1- 2 EL Mehl
Salz Pfeffer	1 Zwiebel
1/2 Bund Schnittlauch	1 EL Öl
400 g Bandnudeln	

Zubereitung
Geschälte Zwiebel auf Stufe 5 ca. 5 Sek.
zerkleinern, in Öl 2 Min/100°/Stufe 2 andünsten.
Mit Milch und Sahne ablöschen. Brühe, Salz,
Pfeffer, Gorgonzola und Mehl dazu.
6 Min. /90°/ Stufe 2 köcheln lassen.

Zwischenzeitlich die Nudeln gar kochen,
Schnittlauch in Ringe und Lachs in Streifen
schneiden.

Den Lachs zur Soße geben und abschmecken. Mit
den Bandnudeln mischen und mit Schnittlauch
bestreuen.

Schlemmerfisch

Zutaten

6 Fischfilets	1 Zwiebel
1 Brötchen vom Vortag	40g Butter
3 EL Kräuter gefroren	1 TL Senf
200g Käse	Salz
Pfeffer	Zitronensaft

Filets kräftig mit Salz; Pfeffer und Zitronensaft würzen. Das Brötchen auf Stufe 6 kurz zu Bröseln zerkleinern in eine andere Schüssel umfüllen, ebenso die Zwiebel. Den Senf, die Kräuter, Salz und Pfeffer dazu. Käse ebenfalls im TM zerkleinern dazugeben alles gut durchmischen. Die Filets in eine Auflaufform geben mit dem Gemisch bedecken und bei 200°C ca. 25 min backen.

Fisch-Canneloni

Zutaten

3 Sch. Toastbrot	400g Seelachsfilet
200g Krabben	2 Eier
Dill	1 Spritzer Zitronensaft
Salz, Pfeffer	200g geriebenen
Mozzarella	
3 EL Butter	3 EL Mehl
500g Milch	1 Brühwürfel
Muskat	Fett für die
Auflaufform	
250g Cannelloni	125g Parmesankäse

Zubereitung

Den Parmesankäse auf Stufe 6 zerkleinern und umfüllen.

Das Toastbrot in warmen Wasser einweichen. Den aufgetauten Fisch mit dem ausgedrückten Toast im TM auf TURBO fein pürieren. Nun die Krabben und die Eier zugeben und auf Stufe 4 vermengen. Kräuter und Gewürze (außer den Brühwürfel), Mozzarella und Zitronensaft zugeben. Auf Stufe 3-4 mit Hilfe des Spatels vermengen.

Den Backofen auf 180° (Umluft) vorheizen. Die Auflaufform einfetten. Die Cannelloni mit der Fischmasse füllen und in die Auflaufform legen.

———

Die Butter im TM bei 80° etwa 2 Minuten/ Stufe 2 schmelzen. Mehl zugeben und unterrühren. Die Milch eingießen, Brühwürfel und Muskat zugeben. Alles bei 100°/etwa 5 Minuten/Stufe 2 aufkochen.
Soße über die Cannelloni geben und mit dem Parmesankäse bestreuen.
Zu guter Letzt im Ofen etwa 25 bis 30 Minuten überbacken.

Thunfisch-Lasagne

Zutaten
100g Käse	100g Zwiebeln
4 Knoblauchzehen	200g Karotten in Stücke
250 Gramm frische Champignons	30g Olivenöl
300 gTomaten in Viertel abgetropft	3D. Thunfisch
1 EL Oregano	
Salz und Pfeffer	200g Lasagne

Zutaten für die Sauce
20 g Butter	1 TL Zitronensaft
Salz und Pfeffer	600g Milch
60g Mehl	

Zubereitung
Käse in den TM geben und kurz auf Stufe 9
schreddern - auf die Seite stellen.
Zwiebel, Knoblauch, Karotten, Champignons und
Olivenöl - 5 Sek / Stufe 5
Nun die Tomaten zufügen 10 sek. / stufe 5

Nun den TM 7 Minuten / Varoma auf die
Geschwindigkeit. 1 programmieren.
Nun dazu: Thunfisch, Oregano, Salz und Pfeffer
- 5 Sek / Stufe 3.
Auf die Seite stellen.
Den Backofen auf 180° vorheizen
Alle Zutaten für die Bechamelsosse in den TM
geben- 8 min. / stufe 4 / 90 °.
Nun die Lasagne zusammenstellen sodass die
letzte Schicht Lasagneblätter sind - auf die wird
dann die Bechamellsosse gegeben und der Käse
zuletzt darauf verteilt.
Nun für 30 Minuten in den Backofen.

Gegrillter Fisch in Chili-Marinade

Zutaten

750g Fischfilet	50g Olivenöl
1 Bund Petersilie	2 rote Chilischoten
6 Knoblauchzehen	1 TL Salz

Zubereitung:

Alle Zutaten in den Mixtopf geben und auf Stufe 5 ca. 2 Minuten sehr fein schreddern.

Das Fischfilet waschen, trocken tupfen und in eine flache Auflaufform legen. Mit der Marinade bestreichen und abdecken. Mindestens eine Stunde im Kühlschrank ziehen lassen und danach grillen.

Kräuter-Dorsch mit Reis

Zutaten für die Sauce:

1 Zwiebel	2 EL Pflanzencreme
2 EL Mehl	250g Milch
Salz	Pfeffer
Cayennepfeffer	Brühpulver
Petersilie	Dill

2 Dorschfilets	1 rote Paprikaschote
150g Champignons	etwas Knoblauchbutter
Salz und Pfeffer	

250g Jasmin-Reis	1 TL Salz
850g Wasser	

Zubereitung der Sauce:
Zwiebel halbiert in den Mixtopf 3 Sek./Stufe 5
Pflanzencreme dazu und 3 Min./100°/Stufe 1
Mehl, Milch und Gewürze zugeben 3 Sek./Stufe 4
verrühren
10Min./100°/Stufe 3
kurz verrühren .
Etwas Soße in eine Auflaufform geben, Fischfilet
mit Salz und Pfeffer würzen und mit
Knoblauchbutter einreiben .

Fisch in die Auflaufform geben, Paprikaschote in
Streifen schneiden über den Fisch geben.
Champignons in Scheiben schneiden dazu geben
mit der restlichen Soße übergießen.
Auflaufform in den vorgeheiztem Ofen geben
bei 170° ca. 30 Min. garen.
Mixtopf nicht spülen. Reis ins Garkörbchen geben
1TL Salz und mit 850g Wasser übergießen
30Min./100°/Stufe 1 garen.

Meeresfrüchte mit Spagetti

Zutaten

500g Spagetti	500g Meeresfrüchte
250g Garnelen	1 Dose Tomaten (400g)
1 mittlere Zwiebel	3 Knoblauchzehen
1 EL Basilikum	1 EL Italienische
Kräuter	
Einige Chiliflocken	Pfeffer und Salz
Olivenöl	

Spagetti in einem Topf am Herd bissfest garen. Inzwischen die Zwiebel und den Knoblauch im TM auf Stufe 5 zerkleinern. Mit dem Spatel nach unten schieben. Etwa 15g Olivenöl zugeben und 100 Grad/2 Minuten/Stufe 1-2 andünsten. Anschließend die Tomaten hinzufügen und etwa 10 Minuten/100 Grad/Stufe 2 aufkochen lassen. Das Garkörbchen als Spritzschutz auf die Öffnung stellen. Nach Ablauf der Zeit die Meeresfrüchte, Garnelen, Basilikum, Kräuter und Chiliflocken zufügen und etwa 8 Minuten/100 Grad/Sanftrührstufe/Linkslauf in der Tomatensoße erhitzen. Auch hier an den Spritzschutz denken! Zum Schluss mit Pfeffer und Salz abschmecken.

Lachs in Sahne-Sillsauce

Zutaten

450 g Lachsfilet	1 Schalotte
2 Knoblauchzehen, zerdrückt	40g Butter
300 ml süße Sahne	1 EL Zitronensaft
½ TL Muskatnuss	2 EL Dill
Salz und Pfeffer nach Geschmack	

Zubereitung

Den Backofen auf 180° vorheizen und das Lachsfilet in eine Auflaufform legen.

1 Schalotte aufs Messer fallen lassen 5 Sek. / St. 5 zerkleinern und mit dem Spatel nach unten schieben.

Knobi dazugeben und mit der Butter 2 Min. / Varoma / St. 1 hell, ohne Messbecher, anschwitzen

Die Sahne zugießen und verrühren. Dann 5 Min. / 100° / St. 2 erhitzen.

Die restlichen Zutaten unterrühren.

Soße abschmecken und über den Lachs gießen.

Im vorgeheizten Backofen ca. 25 Minuten garen.

Krabbenauflauf

Zutaten:

100g Kokosflocken	280ml Milch
1 Zwiebel	1 Knoblauchzehe
50g Öl	300 g Kartoffeln
2 Tomaten	400g Krabben
200g Mais	
aus der Dose	Zitronenschale
1TL Kreuzkümmel	1 Bund Petersilie
5 Eier	2 EL Parmesan
Salz/Pfeffer	Fett für die Schale

Zubereitung

Zuerst nehmt ihr die Kokosflocken übergießt sie
mit heißer Milch und lasst sie quellen. Dann nehmt
ihr eine Backform und streicht sie mit Fett aus.
Zwiebeln und Knoblauch klein hacken und mit dem
Öl in einem Topf andünsten. Kartoffeln geschält
in kleine Würfel schneiden. Die Tomaten von den
Kernen befreien und klein hacken. Beides in den
Topf geben und andünsten, dann die Krabben den

Mais, Zitronenschale, Gewürze und die gehackte Petersilie dazugeben. Anschließend die Kokosflocken in ein Tuch geben und die Milch über dem Topf auspressen. Alles bei gemäßigter Temperatur reduzieren bis fast keine Flüssigkeit mehr da ist.

Dann nehmt ihr die Auflaufform und füllt die Masse da rein und lasst es abkühlen. Dann werden die Eier getrennt, das Eiweiß wird geschlagen und das Eigelb dann langsam untergehoben. Am Ende werden der Käse und 2/3 vom geschlagenen Ei unter die Masse gehoben. Der Rest vom Ei wird dann über die Masse Verteilt und mit Salz und Pfeffer abgeschmeckt. Dann muss alles nur noch bei 200° 40 Minuten
gebacken werden.

Lachs-Risotto

Zutaten

100 g Parmesan	2 Zwiebeln
1 Knoblauchzehe	20g Olivenöl
250 g Risottoreis	150 g Weißwein
700ml heiße	
Gemüsebrühe	250g geräucherten
Lachs	1 Prise Rosmarin
1 EL Butter	

Zubereitung
Parmesan im TM 10 Sek/ St. 10 zerkleinern und umfüllen.
Zwiebel und Knofi 3 Sek/ St. 5 zerkleinern.
Olivenöl zugeben und 3 Min/ 100°/ ST. 1 dünsten.
Reis dazugeben und 3min/ 100°/ Rückwärts/ Stufe 1 dünsten.
Weißwein und Brühe zugeben und 22 Min/100°/ Rückwärts/ Rührstellung garen. Den Meßbecher nicht aufsetzen!!!

Den Lachs in Stücke schneiden.
Zum Schluss Käse, Butter und Lachs mit dem Spatel unterrühren.

Limonen-Kabeljau mit Reis

Zutaten:

4 Stück Kabeljau	4 Limonen
je 1 rote, grüne und gelbe Paprika	1 Stange Porree
1 kleine Dose geschälte Tomaten	Pfeffer
Salz	250 g Reis

Zubereitung:

3 Limonen auspressen und den Saft auffangen. Den Kabeljau waschen, trocken tupfen und in einen Suppenteller legen. Mit etwas Limonensaft besprengen, abdecken und 2 Stunden ziehen lassen. Zwischendurch mal umdrehen.
In der Zwischenzeit den Porree waschen und in Ringe schneiden (ca. 0,5-1 cm dick).
Die Paprikaschoten entkernen und eben abwaschen. Trocknen und in Streifen schneiden.

1 l heißes Wasser mit etwas Salz in den Mixtopf gießen und den Reis in das Garkörbchen geben. Den TM einschalten: 30 Min/Varoma/Stufe 1 und den Reis garen lassen.
Etwas Öl in einem Topf erhitzen und den Porree und die Paprikaschoten anschwitzen. Die

Dosentomaten zerkleinern und mit dem
Limonensaft dazu geben. Den Fisch auf das
Gemüse legen und bei milder Hitze 20-25
Minuten köcheln lassen. Zwischendurch den Fisch
mal umdrehen und pfeffern und salzen.
Die übrig gebliebene Limone heiß abwaschen und
dann in dünne Scheiben schneiden.
Den Reis auf 4 Teller verteilen und platt drücken,
in die Mitte das Gemüse geben und darauf den
Fisch setzen. Auf den Kabeljau die
Limonenscheiben verteilen.

Überbackene Garnelen

Zutaten

100 g Butter	3 Zwiebeln
250 g enthäutete Tomaten	2 Knoblauchzehen
Salz	
2 - 3 EL gehackte Petersilie	Pfeffer
Butter für die Auflaufform	300 g Garnelen
80g Feta-Käse	

Zubereitung:

Zwiebeln vierteln und aufs lfd. Messer / Stufe 7 zerkleinern, umfüllen. Knobi genauso. Dann Butter 2 Minuten / 100 Grad / Stufe eins zerlassen. Zwiebeln ca. 3,5 Minuten dazugeben (100 Grad/ Stufe 1). Die Tomaten in Scheiben dazu. Knoblauch und Petersilie auch und ca. 4 Min. / 100 Grad / Stufe 1 kochen lassen (bis breiige Masse entsteht). Salz und Pfeffer nach Belieben. Feuerfeste Form mit Butter ausstreichen, Garnelen gleichmäßig verteilen und mit der Soße übergießen. Den Käse zerbröckeln und darüber.

Im Ofen (vorgeheizt) bei mittlerer Hitze goldbraun überbacken.

Lachs mit Parmesan-Kräuterkruste

Zutaten

4 Lachsfilets	1 Zwiebel
40g Olivenöl	400g Dosentomaten
50g Parmesan	60g Semmelbrösel
90g weiche Butter	50g Bärlauch
Salz	Pfeffer
Chayennepfeffer	Brühpulver

Zubereitung
Zwiebel in den Mixtopf geben.
5Sek/Stufe5/zerkleinern.
Öl zugeben
3Min/Varoma/Stufe1/andünsten
Tomaten zugeben
Kurz Stufe5/zerkleinern
würzen
in eine Auflaufform geben
Lachsfilets mit Salz und Pfeffer würzen
in die Auflaufform geben
Mixtopf spülen
Parmesan 15Sek./Stufe10/zerkleinern
Semmelbrösel und weiche Butter
sowie Bärlauch in Streifen geschnitten zugeben
würzen

5Sek./Stufe5/
Paste auf Lachsfilets geben.
20-30 Min. bei 200° im
vorgeheizten Backrohr backen.

Muscheln in Tomatensauce mit Nudeln

Zutaten

2 Knoblauchzehen	1 Zwiebel
20 g Olivenöl	5 g Rotweinessig
1 Tl Thymian	1 TL Rosmarin
1 Lorbeerblatt	200g Tomaten
1 TL Paprika	Salz, Pfeffer
500 g eingefrorene	
Muscheln schon gegart	

Zubereitung

Die Muscheln kurz zum Auftauen in sprudelndes Wasser geben (ca. 30 Sekunden, auf keinen Fall länger als 1 Min) beiseite stellen.

Zwiebel, Knoblauch in den Mixtopf

5 Sek/Stufe 5

alles mit dem Schaber runterschieben

Öl dazu und 3 Min 100°C Stufe 1

dann die Tomaten dazu, kurz mixen (auf 5).

Den Rest der Zutaten dazu und 10 Min/100°C Stufe 1 Linkslauf.

Inzwischen die Spagetti garen.

Nach 10 Min die Muscheln in die Sauce geben und sofort zu den Spagetti servieren.

Lachs-Törtchen

Für 12 Törtchen:

Zutaten
Streusel:

| 80 g Mehl | 80 g Parmesan |
| 55 g Butter | Pfeffer |

Zubereitung
Den Parmesan in Stückchen in den Mixtopf geben und kurz auf Turbo zerkleinern, alle anderen Zutaten dazu geben und auf Stufe 4 vermischen, bis es Streusel geworden sind (Sichtkontakt). Streusel in ein Schälchen schütten und den Mixtopf ungespült wieder einsetzen.

Zutaten
Mürbteig:

300 g Mehl	150 g Butter
1 Pr. Zucker	1 Pr. Salz
1 Ei	1TL Backpulver

Zutaten in den Mixtopf geben und 90 Sek./Brotstufe mixen. Teig zu einer Kugel formen, mit Folie abdecken und in den Kühlschrank legen.

Den Ofen auf 160° vorheizen (Ober- und Unterhitze).

Zutaten
Füllung:
300 g Porree
300 g geräucherten
Lachs   20 g Butter
45 g Crème Fraîche   1 Pr. Muskatnuß
Pfeffer   Salz

Zubereitung
Porree in ganz feine Ringe schneiden und den Lachs auch fein zerteilen. Butter in einem Topf schmelzen lassen und die Porreeringe eben darin schwenken. Die crème fraîche dazu geben und etwas reduzieren. Mit Muskat, Pfeffer und Salz abschmecken.

Den Teig schön dünn ausrollen und auf 12 Törtchenformen verteilen. Mit der Gabel einstechen und im Ofen leicht anbräunen lassen.

Nun den zerteilten Lachs in die Förmchen geben,

mit der Porreemasse übergießen und mit den Streuseln bedecken.

Noch einmal 30 Minuten im Ofen bei 180 Grad backen.

Nudeln mit Thunfischsauce

Zutaten
5 Knoblauchzehen	1 Chillischote
60 g Olivenöl	
1 Dose geschälte Tomaten	
1 D. Tomatenmark	50g Kapern
1 D. Thunfisch in Öl	
eine Handvoll schwarze	
Oliven ohne Stein	Salz

Zubereitung
Zunächst die Chilischote und den Knoblauch ein paar Sekunden St. 6 schneiden und nach unten schieben. Das Öl dazugeben und 1 1/2 Min,/100°/ St. 2 garen. Die Tomaten, Tomatenmark und die Kapern dazu geben und 15 Min/100°/St.1 kochen, die Oliven und den Thunfisch hinzu fügen und weitere 5 Minuten/100°/St. 1 köcheln. Abschmecken und mit den gerade gekochten Nudeln vermischen.

Nudeln mit Krabbensauce

Zutaten

250 g Spagetti	150 ml Weißwein
2 Knoblauchzehen	1 Zwiebel
gemahlener Kümmel	125 ml Brühe
250 g Champignons	20 g Kräuterbutter
125 ml Wasser	150 ml Sahne
1 Eigelb	1 EL Speisestärke
125 g Krabben	Pfeffer
Salz	1/2 Zitrone
Tabasco	

Zubereitung
Spagetti bissfest kochen. Champignons in Größe nach Geschmack in einer Pfanne in der Kräuterbutter braten.
Währenddessen Zwiebel und Knoblauchzehe bei Stufe 5 auf das laufende Messer fallen lassen. Weißwein in den TM geben. Mit einer Prise gemahlenem Kümmel würzen. 5 Minuten / 100 °C / Stufe 1 kochen. Brühe zufügen und 3 Minuten / 70 °C / Stufe 1 erhitzen. Wasser auffüllen. Sahne mit Eigelb und Stärkemehl verrühren, in die Brühe geben und mehrere Minuten / 80 - 90 °C / Stufe 1 eindicken lassen. Champignons und Krabben zufügen. Mit Pfeffer, Salz, frisch

gepresstem Zitronensaft und Tabasco würzen.

Spagetti in einem Sieb gut abtropfen lassen und
mit der
Krabbensauce mischen.

Lachs-Gratin mit Blätterteig

Zutaten

1000g TK-Gemüse	1 Prise Salz
250 g Lachsfilet	4 TL Zitronensaft
4 TL Pflanzenmargarine	2 EL Mehl
250 ml Brühe	20 g Schnittlauch
1 Prise Paprikapulver	1 Prise Pfeffer
120 g Blätterteig	200ml Milch

Zubereitung
Gemüse 10 min. im Varoma garen.

Lachsfilet in eine Auflaufform setzen, salzen und mit Zitronensaft beträufeln.
Gemüse auf dem Fisch verteilen.

Margarine 1 min./100°C/Stufe1 schmelzen dann Mehl dazu, und nochmals 1 min/100°/,Stufe 1 rühren.
250 ml Brühe dazugeben und 3 min/90°C/ Stufe 5.
Schnittlauch unterrühren und mit Paprikapulver und Pfeffer pikant würzen.

Sauce über den Auflauf geben, mit Blätterteigscheiben belegen, am Rand gut andrücken und mit Milch bestreichen. Im vorgeheizten Backofen auf mittlerer Schiene bei 200 Grad ca. 25 min. backen.

Ingwerfisch mit Reis

Zutaten

20 g getrocknete Pilze	750 g Fischfilet
2 EL Ingwer	3 EL Sojasoße
2 EL Sherry	Saft v. einer Grapefruit
Saft v. einer Orange	1,25 l Wasser
1 TL Salz	200 g Langkornreis
2 EL Erdnussöl	1 EL Sesamöl
70 g Speckwüfel	2 Frühlingszwiebel
50 g Pinienkerne	

Zubereitung

Pilze mehrere Stunden einweichen.
Fisch waschen und trocken tupfen und auf einen Teller legen.
Ingwer schälen und auf das laufende Messer/Stufe 5 werfen. Sherry, Sojasoße, Orangen- und Grapefruitsaft zugeben und alles bei Stufe 5 vermischen. Mischung über den Fisch gießen und 1/2 Stunde kühl stellen.

Pilze in den Varoma legen, Wasser und Salz in den Mixtopf gießen, Reis in das Garkörbchen schütten. Varoma aufsetzen, verschließen und 20 Min./Varoma/Stufe 1 dämpfen.

Fisch in den Varomaeinsatz (und Dosenpilze in den Varoma) legen und diesen in den Varoma einsetzten. Weitere 15 Min./Varoma/Stufe 1 dämpfen.

Während dieser Zeit Sesam- und Erdnussöl in einem Pfännchen stark erhitzen und Speckwürfel drinnen anbraten. Pignoli (Pinienkerne) kurz drinnen schwenken und die gehackte Frühlingszwiebel andünsten lassen.

Wenn die Dämpfzeit vorbei ist, Varoma abnehmen und Gareinsatz herausheben. Garflüssigkeit bis auf 2 MB abgießen, Marinaderest und 2 EL gekochten Reis zugeben und 2 Min./80°C/Stufe 4 köcheln. Nun durch mehrmaliges Hinaufdrehen auf Turbo pürieren. Pilze zugeben nochmals 3 Min./90°C/Stufe 1 köcheln.

Reis in einer flachen Schüssel als Reisring anrichten, Pilzsud hineingießen, Fisch darüberlegen und mit dem heißen Inhalt des Pfännchens übergießen.

Fisch mit Kartoffeln in Kräutersauce

Zutaten

500g Alaska-Lachsfilet	Zitronensaft
Salz	weißer Pfeffer
9 EL Mehl	3 EL Öl
1 Becher Saure Sahne	6 Eigelb
2 EL Petersilie	1 TL Dill
750g Wasser	1 TL Salz
800g Kartoffeln	

Zubereitung

Fischfilet unaufgetaut mit Zitronensaft beträufeln und 5 Minuten einziehen lassen. Dann mit Salz und Pfeffer bestreuen und im Mehl wenden.

Öl in einer Pfanne erhitzen und den Fisch von beiden Seiten jeweils 2 Minuten anbraten. Eine Auflaufform einfetten und den Fisch hinein legen. Sahne, Eigelbe, 3 Spritzer Zitronensaft, 1/4 TL Salz, Petersilie und Dill in den Mixtopf geben und 30Sek./St.4 verrühren. Die Sahne-Soße über den Fisch verteilen. Backofen auf 220° vorheizen. Mixtopf ausspülen und Wasser und Salz in den Mixtopf geben. Garkorb einsetzen, Kartoffeln schälen, waschen und vierteln und in den Garkorb legen. Mixtopf verschließen und

30Min./V.aroma/St.1 garen.
Den Fisch in den vorgeheizten Backofen schieben
und 20 Minuten bei 220° überbacken.

Fischcurry

Zutaten

2 Tassen Reis	400 g Fischfilets
1 Stängel Zitronengras	1 EL Krustentierpaste
1 Zwiebel	5 Knoblauchzehen
3 Chilischoten	1 Stck. Ingwer
etwas Öl	1 EL Currypulver
400 ml Kokosmilch	4 EL Zitronensaft
1 EL Sojasauce	2 reife Tomaten
Salz	Pfeffer

Zubereitung

Reis nach Anweisung kochen.

Zitronengrasstängel in Stücken mit Shrimpspaste, Zwiebel, Knoblauch, Ingwer, Chilis und etwas Öl ca. 10 Sek. / St. 5 pürieren (Sichtkontakt).

Dann mit 1 EL Öl 4 Min./100°C/St.1 anbraten.

Currypulver hinzu geben und mit Kokosmilch und Zironensaft, Sojasauce und etwas Wasser (wir haben etwa eine halbe Tasse genommen) ablöschen.

Fischfilets in Würfel schneiden, Tomaten klein würfeln und beides dazu geben. 11 Min./90°C/LL/Sanftrührstufe

Dann sollte der Fisch gar sein. Mit Salz + Pfeffer abschmecken und mit dem Reis servieren.

Herstellung und Verlag:
BoD - Books on Demand, Norderstedt
ISBN 978-3-7357-5936-8